父母的情绪

最好的养育是不焦虑

柳杨 编著

 四川教育出版社
·成都·

图书在版编目（CIP）数据

父母的情绪：最好的养育是不焦虑 / 柳杨编著. —
成都：四川教育出版社，2023.1
ISBN 978-7-5408-8463-5

Ⅰ.①父… Ⅱ.①柳… Ⅲ.①家庭教育 Ⅳ.① G78

中国版本图书馆 CIP 数据核字（2023）第 013147 号

FUMU DE QINGXU：ZUIHAO DE YANGYU SHI BU JIAOLÜ

父母的情绪：最好的养育是不焦虑

柳杨　编著

出 品 人　雷　华
责任编辑　周代林
责任校对　保　玉
责任印制　田东洋
封面设计　松　雪
出版发行　四川教育出版社
　　　　　地　　　址　成都市锦江区三色路 266 号新华之星 A 座
　　　　　邮政编码　610023
　　　　　网　　　址　www.chuanjiaoshe.com
印　　刷　永清县晔盛亚胶印有限公司
版　　次　2023 年 1 月第 1 版
印　　次　2023 年 1 月第 1 次印刷
开　　本　880mm×1230mm　1/32
印　　张　6
书　　号　ISBN 978-7-5408-8463-5
定　　价　36.00 元

如发现印装质量问题，影响阅读，请与本社联系。
总编室电话：（028）86365120　编辑部电话：（028）86365129

做情绪稳定的父母

自从成为父母的那一刻起，很多父母就会忍不住想象孩子的未来，焦虑孩子的未来。有些父母在孩子很小的时候就为孩子设计好了他的成长之路，甚至把自己没有实现的梦想强加在孩子身上。如果孩子有一点与自己的期望不符的苗头，他们就会陷入深深的焦虑之中：

"为什么我的孩子不像其他孩子那样阳光活泼？"

"为什么我的孩子总是跟我顶嘴？"

"为什么我的孩子不自信，什么事都不敢做？"

"为什么我的孩子不爱学习，学习成绩一直没起色？"

"为什么我的孩子和我的关系不亲密？"

……

焦急、忧虑、郁闷、愤怒……各种负面情绪堆积在这些父母心里，他们的紧张、焦虑也会在潜移默化中传递给孩子，让孩子也变得紧张、焦虑，从而给孩子的身心发展带来极大的负面影响。

英国精神分析学家温尼科特曾说："对孩子影响最糟糕的妈妈，就是着急的妈妈。"这句话在父母身上都适用。

爱孩子，是父母的天性。优秀的父母，肯在教育孩子上花心思，正确的教育方法能帮助孩子成长。但如果父母过于焦虑，并把焦虑统统传递给孩子，反而会伤害孩子。

教育的真谛，应该是尊重孩子的需求，帮助孩子成为他自己，而不是试图把孩子塑造成父母想要他成为的样子。

聪明的父母，总会顺着孩子的天性，给予正确的指引，用符合实际的建议帮助孩子成为更好的自己。

所以，请所有父母放下那些无用的焦虑，把主动权还给孩子，坦然、从容地面对孩子成长路上的不确定性，用开放和包容的心态去拥抱孩子的未来。

目录
CONTENTS

01 成为父母后，你为什么会焦虑

一切为了孩子，为了孩子的一切
焦虑背后，是父母无处安放的爱……………………002

我的孩子必须是最优秀的
不符合实际的高期望会让父母无比焦虑………………009

孩子没有我不行
父母的焦虑背后，藏着对孩子的不信任………………016

我的孩子不能输在起跑线上
焦虑的父母的通病——爱攀比……………………023

目录
CONTENTS

02 当你感到焦虑时，你的表现是怎样的？

不能让孩子受一点伤
什么都怕…………………………………………032

我要知道孩子的一切
什么都问…………………………………………039

孩子学习时谁也不能打扰
过度在意孩子的学习……………………………046

只要孩子没在我眼前学习，就觉得他没学习
否定式教育………………………………………053

03 消除学习焦虑，鼓励与教育同时进行

孩子不喜欢上学
提前引导…………………………………………062

目录
CONTENTS

孩子总是不爱写作业

帮助孩子养成良好学习习惯·······················069

孩子成绩差

鼓励比批评更重要·····························076

失去兴趣的兴趣班

合适的才是最好的，切忌盲目跟风···············083

04 消除性格焦虑，接受孩子的不完美

孩子内向一些也没什么不好

从心里接纳孩子的个性·························092

孩子总是不自信

努力发现孩子的闪光点·························099

孩子总是三分钟热度

挖掘孩子的兴趣·····························106

目录
CONTENTS

孩子是个爱哭鬼
严厉制止和温柔拥抱·····················113

05 **消除生活焦虑，培养孩子的自驱力**

孩子不爱吃饭
制订用餐规则·····························122

孩子长不高
合理安排饮食和运动·····················129

孩子沉迷电子产品
沟通和以身作则·························136

孩子不爱刷牙、洗澡
小游戏来帮忙·····························143

目录
CONTENTS

06 消除亲子关系焦虑，懂得换位思考

孩子又犯错了
惩罚并不是好的教育方式…………………………………… 152

孩子做什么事都要父母帮忙
父母帮得越多，孩子越懒惰…………………………………… 159

我和孩子的沟通出了问题
站在孩子的角度思考问题…………………………………… 166

孩子总是无理取闹
从旁观者的角度观察孩子…………………………………… 173

01

成为父母后，你为什么会焦虑

一切为了孩子，为了孩子的一切

焦虑背后，是父母无处安放的爱

相关报告显示：中国父母在教育孩子的过程中，整体上处于比较焦虑的状态。大部分父母会为孩子的学习、成长和未来感到焦虑。

确实，现在很多父母都会陷入家教焦虑。互联网上被调侃得最多的就是给孩子辅导作业，这也是无数父母日常最操心的事情。用一句经常在微信朋友圈里出现的话来形容就是："不写作业母慈子孝，一写作业鸡飞狗跳！"

其实，从孩子刚出生开始，很多父母就陷入了焦虑。因为生怕自己给不了孩子最好的，怕孩子输在起跑线上，于是很多父母给孩子报各种兴趣班，购买昂贵的学区房……这些父母认为自己很辛苦，不惜节衣缩食都要给孩子最好的，他们心中只有一句话："一切为了孩子，为了孩子的一切。"

不要成为无限责任式父母

很多父母像上图中这位妈妈一样，把孩子所有的事情都揽到自己身上，想要为孩子的所有事情负责，焦虑感自然而然就来了。

———— 对话1 ————

妈妈，这次数学考试我没考好。

那一定是因为我盯你学习盯得还不够紧。

———— 对话2 ————

我不喜欢跟别的小朋友一起玩，我就喜欢自己在家待着。

唉！都怪我在你小时候时没多带你出去和人接触。

———— 对话3 ————

我报名了学校的足球队，落选了。

哎呀，我之前怎么没给你报一个足球兴趣班。

　　有上面这样想法的父母其实是对自己的孩子没信心，不相信孩子有解决这些问题的能力，认为一切都要靠父母来承担。父母为孩子承担了太多，孩子自然也就难以成长。

世界上没有完美的父母

我这父母当得真失败，不像您，把女儿教育得多好，又听话又懂礼貌。

阿姨好。

其实4岁就上足球课没什么，你看浩轩的爸爸，在浩轩3岁时就训练他踢足球了。

父母这种自己永远不如别人家的父母的想法，是导致自己产生焦虑的另一大根源。事实上，世界上没有完美的父母，父母也是在不断成长的。父母教育孩子的过程，其实也是学习做父母的过程。父母不必责怪自己，更不要盲目否定自己。对孩子而言，自己的父母就是最棒的父母。

也许这些父母想做完美父母的初衷是为了爱孩子，然而实际上追求完美却会起到相反的作用，会让自己的所作所为与爱孩子的初衷渐行渐远。这些父母究竟错在了什么地方？

这些父母在育儿上都陷入了过度养育的误区，他们认为，只要孩子想要的，就算超出经济能力，也会满足孩子；只要孩子做得不好，那肯定就是自己教得不好。

来看看包揽一切的后果

> 孩子自己能做的事，父母绝不可替他做。一个事事依赖的孩子往往也是一个性格蛮横的孩子。如果我们不给孩子承担责任的机会，他极有可能会成为一个没有责任心的人。

作为父母，必须接受一个现实，就是不管你多努力，多拼命，都无法成为完美的父母，也无法获得一个完美的孩子，因为完美是没有明确定义的。而且，追求完美会让你不断感受到焦虑和挫败，不断消耗你的热情，让你无法获得幸福感。

作为父母，要允许自己不完美，可能从你接受自己不完美的那一刻开始，幸福就拉开了序幕。放下焦虑，放下对自己和孩子的高要求、高期望，走出否定自己的消耗圈。其实，一切问题的根源就在于"我要完美"，与其为了那遥不可及的幻想而焦虑，不如享受当下拥有的一切。

我的孩子必须是最优秀的

不符合实际的高期望会让父母无比焦虑

有心理学家认为：孩子能够敏锐地感受到家庭对他们的期待，他们对这份期待易怀着紧张的心情，甚至会因此产生严重的心理负担。

"望子成龙""望女成凤"是许多父母心中的传统教育观念，但父母对孩子的期望过高，不仅容易产生落差感，引起焦虑，还容易让孩子觉得压力过大，走向父母的对立面。

这种不符合实际的高期望还会遮蔽父母的双眼，让父母看不到孩子内心的需求，一心只关注孩子的学业。而当父母对孩子的学业有过高的期望、过多的投入时，孩子其他方面的需求必然会被忽视，让孩子感受不到生活的乐趣。

与此同时，父母无微不至的关怀和不停施加给孩子的压力还会让孩子觉得十分矛盾，感到不知所措。

不要给孩子造成童年恐慌

很多父母总希望自己的孩子是完美的，不允许孩子有犯错的时候，这样的父母自然会产生焦虑感。

这些父母会有这样的想法是因为他们把孩子一时犯的错夸大，然后把孩子眼前的不完美和孩子的未来甚至一辈子联系在一起。殊不知，父母的这种焦虑会给孩子造成童年恐慌，让孩子产生巨大的心理压力。

只要看到孩子在做与学习无关的事情，我就对孩子的未来感到焦虑。孩子犯一点儿错误都会让我很痛苦。

———— 对话1 ————

 妈妈，我写完作业玩一会儿可以吗？

不行，你写完作业还要学其他东西呢！

———— 对话2 ————

 妈妈，我这次考试考了98分！

为什么没考100分？

———— 对话3 ————

 妈妈，钢琴好难，我不想学了！

别人都能学，为什么你不能？你就是吃不了苦！

　　有些父母在孩子很小的时候就开始憧憬孩子的未来，希望孩子在学习上能够出类拔萃，在社交上能够游刃有余，在生活上能够独立自主。一旦感觉孩子可能无法达到自己的要求，这些父母就会陷入深深的焦虑之中。

每个孩子都是独一无二的

　　父母对孩子有期望是一件好事情，能督促孩子进步，也能帮助孩子明确发展方向。然而，很多父母的问题是认识不到不同的孩子在学习能力、社交能力、生活能力等方面是完全不同的，即使孩子已经十分努力了，也可能因为一些客观原因达不到父母的要求。父母要知道，这并不是孩子的错，父母应该学会接受孩子的不完美。

　　父母学会接受孩子的不完美，孩子才会有自信面对自己的不完美。唯有接受孩子的不完美，父母与孩子才会有正常沟通交流的基础。

　　我们经常听说这样的事情：某对夫妻都是名校毕业，他们的孩子的成绩虽然不算差，但和他们当年的成绩相比还有一定差距，这让他们难以接受。

父母过度焦虑的一些表现

父母对孩子的期望过高，会给孩子带来巨大的心理压力。当压力积累到一定程度的时候就会爆发，孩子的心理可能就会出现问题，如产生崩溃、焦虑、自暴自弃等情绪。

作为父母，最关键的就是对孩子有一个合适的期待值。因为父母的教育方式都是在期待值的影响下进行的，不同的期待值会导致父母选择不同的教育方式。很多父母不知道，自己对孩子不切实际的高期望正在一步步地摧毁孩子。父母正确的做法是不预设较高的期待值，每当孩子进步时，及时予以鼓励，然后再对孩子提出高一点的要求。这样，孩子才有前进的动力，双方都不会焦虑。父母要考虑各种因素，了解孩子的能力和特点，因材施教。

孩子没有我不行

父母的焦虑背后，藏着对孩子的不信任

中国青少年研究中心研究员、家庭教育首席专家孙云晓曾表示：父母的焦虑中，很大一部分其实是人为的，包括社会给予的压力，很多父母把他们的焦虑转嫁给了孩子。

爱之深，责之切。天下的父母，都希望自己的孩子是成功的，因此很多父母在孩子的成长过程中会不断焦虑。这些父母没有注意到自己的焦虑背后，藏着对孩子的不信任，也没意识到自己平时的哪些做法是对孩子的不信任。

大多数父母最关注的事情就是孩子的成绩，焦虑的原因往往也是孩子的成绩。作为成年人，父母觉得别人的信任对自己来说无比重要。但很多父母觉得自己做的一切都是为了孩子好，对孩子却不信任。

不要成为疑神疑鬼的父母

有些父母对孩子的一切都不相信，每天生活在怀疑中，自然而然就会倍感焦虑。有这种想法的父母其实不仅对孩子没信心，也对自己没信心。他们不断用批判的眼光去看待孩子，并在不知不觉间把自己的焦虑传递给了孩子。久而久之，孩子就会变得做事没有主见，缺乏目标，变得不自信。

不管孩子做什么，我都不相信他能独立完成，总是担心他会不会做不好，或者会不会发生什么意外。

—— 对话1 ——

妈妈，我想出去和秋秋玩一会儿。

外面太危险了，等妈妈打扫完房间和你一起出去。

—— 对话2 ——

妈妈，我帮你把菜洗了吧。

不用了，你洗不好的。

—— 对话3 ——

妈妈，明天学校要交 50 元班费。

是吗？我给你老师打个电话问问。

　　父母对孩子的不信任是导致自己焦虑的根源之一。很多父母在孩子身上投入了巨大的财力和精力，为孩子创造了良好的生活环境和学习氛围，希望通过自己的努力让孩子出类拔萃。可很多时候希望越大，最后失望也越大。

孩子需要父母的信任

很多父母都不能接受这个结果，不明白自己付出了这么多，为什么自己的孩子就是不如别人的孩子，然后开始怀疑一切：孩子是不是不够努力？是不是经常偷懒？有没有经常撒谎？

渐渐地，这些父母越来越不相信自己的孩子，不相信孩子能自己吃饭，不相信孩子能自己穿衣服，不相信孩子知道冷热，不相信孩子能自己起床、做作业……在孩子的成长过程中，不少父母会一直在孩子旁边唠叨，害怕孩子无法按照自己的期望成长。

然而这些父母不知道的是，自己的种种行为只会让孩子越来越压抑，离自己越来越远。不被信任的孩子的日常充斥着"不许做""你不行""真的吗？"等话语，这是非常不利于他们成长的。

不被父母信任的孩子的日常

> 父母长期不信任孩子，会让孩子觉得委屈、无力、愤怒，同时给孩子的内心种下叛逆的种子，等到一定时候，孩子的情绪会一下子爆发出来。

作为父母，必须明确自己和孩子之间的界限，做一个有边界感的父母。同时，父母还应该相信孩子，给孩子积极的反馈，让孩子在父母的信任中成长。父母应该知道，一个人，不管是成年人还是未成年人，如果得不到别人的信任，尤其是父母这样的亲人的信任，就会逐渐怀疑自己，对自己失去信心，进而对未来失去信心。父母应理解和接纳自己的孩子，多和孩子交流，多给孩子自己选择的机会，这样孩子才能成为一个独立、自主、性格开朗的人。

我的孩子不能输在起跑线上

焦虑的父母的通病——爱攀比

> 国家教育咨询委员会委员杨东平认为：中国父母的焦虑有两种类型，一种是真实的、资源型的焦虑；一种是从众型的、恐慌性的焦虑，这种焦虑更多来自于同伴群体、社会舆论。

在这个快节奏的时代，很多父母怕自己的孩子落于人后，因此把自己困在焦虑的处境之中。他们习惯将自己的孩子和别人的孩子作比较，一旦自己的孩子稍不如人，便无比愤怒，觉得一定是孩子不够努力。可他们不知道，父母这种爱攀比的做法正将孩子推向深渊。

一些父母看见别人的孩子学了某项技能，他们就会马上让自己的孩子跟着学，生怕自己的孩子输在起跑线上。

不要成为盲目跟风的父母

有些父母看到别人家的孩子学了很多东西，便会拿自己的孩子来比较，觉得自己的孩子什么都不会，他们立刻就会焦虑起来。于是便跟风让孩子也学这学那，仿佛只有这样，他们才觉得自己对得起孩子。

不管孩子考多少分，我都觉得很焦虑，总觉得他还不够优秀，会的东西还不够多。

———————— 对话1 ————————

 妈妈，我这次考试考了 98 分！

班级里有几个 98 分？有没有比你分数高的？

———————— 对话2 ————————

 妈妈，我钢琴已经过了九级了！

乔乔都已经过十级了，你得加把劲儿了。

———————— 对话3 ————————

 妈妈，我学会一百个成语了！

这算什么？贝贝都学会几百个了。

　　父母的这种攀比心理是让自己产生焦虑的根源之一。爱因斯坦曾经说过："每个人都是天才，但如果你以爬树的本领来判断一条鱼的能力，那它终其一生都会自以为是个笨蛋。"

不要只看到别人家的孩子的闪光点

俗话说：人往高处走，水往低处流。人往高处想，向高处看，跟高处比，都是可以理解的。但是，如果不顾自己的具体情况和条件，跟标准过高的对象相比，进而产生巨大的心理落差，这就是攀比。现实中相当一部分父母或多或少都存在这种攀比心理。

这些父母容易忽视孩子自身的特点，总是觉得别人的孩子比自己的孩子多学了一点、多考了一点，觉得自己的孩子落后、吃亏了。当看到别人的孩子拥有某种能力或特长时，这些父母的第一反应不是思考自己的孩子是否需要，而是想让自己的孩子也拥有，不想看到自己的孩子落后。然而，这些父母的做法最后只会让自己和孩子"两败俱伤"。

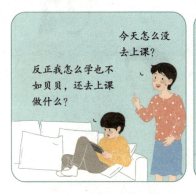

爱攀比的父母的日常

父母作为孩子的第一任老师，对孩子的影响是巨大的。父母如果不停地将自己的孩子与别人家的孩子作比较，会给自己的孩子增加许多压力，对孩子的生活和学习都造成不利影响。

作为父母，我们当然希望自己的孩子学习成绩优秀，但父母也应该知道：三百六十行，行行出状元，并不是只有学习成绩好的孩子才是成功的。父母有时应从自己孩子的实际情况出发，帮助自己孩子找到他的优势，而不是一味地逼迫自己的孩子走在别人的路上。

孩子的成长是一个漫长的过程，父母不要只关注孩子当下的优缺点，而要仔细观察孩子，和孩子积极沟通，了解孩子想要的是什么，然后帮助孩子找到自己的优势，从而让孩子走一条适合自己的路。

02

当你感到焦虑时，
你的表现是怎样的？

→

不能让孩子受一点伤
什么都怕

　　《特别狠心特别爱》一书中写道，中国父母给予孩子的爱，不是太少而是太多了。不忍心让他们从小体验生活的艰辛，也不懂在适当时机向他们索要，因此最终导致子女们一辈子艰难，一辈子朝他们索要。

　　现如今，有很多父母在养育孩子时，因不想让孩子吃苦，便把孩子养成了温室里的花朵，经不起一点风吹雨打。可想而知，这样的孩子长大后是多么脆弱和没担当，也无法经受任何挫折和失败。同时，父母的这种养育方式也是让自己焦虑的一大根源。父母爱孩子的心可以理解，但爱要讲究方法。父母要知道，自己是无法陪孩子一辈子的，所以要学会早点放手，为孩子的未来考虑。

不要成为什么都怕的父母

很多父母因为自己内心的紧张和焦虑，不放心让孩子独立做任何事情。孩子出一点意外，都让他们觉得十分害怕，并且十分自责。这些父母把自己视为孩子的保护者，殊不知，这些行为正是自己对孩子的能力不信任的表现。父母的这种严防死守的做法会让孩子失去自我成长的机会，影响孩子正常的生活。

——————— 对话1 ———————

 妈妈，我刚才在外面玩的时候摔了一跤！

天哪，快让我看看！以后不要出去玩了！

——————— 对话2 ———————

 妈妈，我不小心把水洒到了地上，我去拿拖把拖干净。

妈妈来拖就好了，地上有水容易摔着。

——————— 对话3 ———————

 妈妈，我今天在学校和同学吵架了。

是不是有同学欺负你？我去找你们老师！

　　有些父母总是希望每时每刻保护好自己的孩子，总是担心孩子，害怕孩子受伤，希望自己能够帮助孩子解决任何问题。可是，父母能够帮助孩子解决一时的问题，却无法帮助孩子解决所有的问题。所以，父母要留给孩子足够的成长空间，让孩子自己面对困难。

孩子都是在磕磕绊绊中成长的

　　父母在这种什么都怕的心理影响下，对待孩子的事情会越来越谨小慎微，且会渐渐发展为什么事情都不敢让孩子做，一切都由父母包办。父母的过度保护会让孩子缺乏独立探索的能力和冒险的精神。孩子生来是一张白纸，对世界的探索正是培养认知的好机会。在孩子探索的过程中，如果遇到了困难，孩子就会养成独立思考和解决问题的习惯，从而积累一定的经验，提升独立应对困难的能力，更好地认识世界。父母过多地保护孩子，将孩子的各方面都安排好，只让孩子将重心放在学习上，会造成孩子的自我管理能力比较差。等远离父母的照顾后，这些孩子很难自己独立生活，而这也会影响他们的学习，甚至影响他们未来的发展。

什么都不能自己做的孩子的日常

孩子虽然需要父母的关心和爱护，但这并不意味着父母要替孩子做所有的事情。父母要给孩子提供锻炼和成长的机会。这样，孩子以后才能成为一个人格健全、独立自主的人。

父母必须明白的是，父母不能保护孩子一辈子。因此，父母必须学会信任孩子，给孩子提供动脑和动手的机会，让孩子在挫折中得到经验教训，从而获得成长。父母放下自己的过度紧张和过度焦虑，尝试放手让孩子自己去做一些事情后，也许会惊讶地发现，孩子原来没有自己所想的那么脆弱。

我要知道孩子的一切

什么都问

　　某权威儿科医生认为：如果父母只在必要的时候去了解孩子，那就是好妈妈、好爸爸。但如果父母在任何时候都想知道孩子在想什么，想要知道孩子的一切，那么他们的爱就会让孩子感到窒息。

　　心理学家武志红有这样一个观点：一个孩子正全神贯注地看一棵树时，他就是在与这棵树建立关系。如果这个时候，父母不停地追问孩子为什么看这棵树，从这棵树中看到了什么，那么父母就是在阻断孩子和这棵树的联系。

　　上述的这种父母不知道的是，自己的这种行为会扼杀孩子的创造力，甚至会使孩子逐渐变成一个不够独立的人。

不要破坏孩子做事情的原动力

很多父母时刻都想要知道孩子的一切，殊不知，这样会破坏孩子做事情的原动力。父母时常会因为觉得不够了解孩子而感到焦虑，然后不知不觉地通过行动把这种情绪传递给孩子，使孩子也焦虑起来。很多孩子在父母强烈的掌控欲下生活，他们在觉得窒息的同时，心理也逐渐发生变化，最终变得不愿意主动做事情。

———————— 对话1 ————————

 妈妈，以后我要和同学一起上学。

你同学叫什么名字？学习怎么样？

———————— 对话2 ————————

 你的抽屉怎么上锁了？里面有什么？

妈妈，里面放着我写的日记。

———————— 对话3 ————————

 你今天为什么一吃完饭就躲到房间里？

妈妈，我想一个人安静一会儿。

　　父母这种想要掌控孩子一切的想法是不可取的。要知道，每个人都是独立的个体，父母关心孩子、想要了解孩子的想法是正常的，但凡事都有一个度，一旦超过这个度，对父母和孩子都没有好处。

拒绝做想知道孩子一切的家长

一般来说，父母介入孩子生活的程度应随孩子年龄的增长而减少。父母应学会逐步从孩子的私人空间中撤退。随着孩子长大，他会有自己私人空间的需求。父母如果掌控欲过强，过多介入孩子的私人空间，会让孩子产生一种自己不被尊重的感觉。在这种环境中成长的孩子，无法形成稳定的边界感，长大后也无法和他人保持恰当的距离。

当然对于父母来说，学会对孩子适当放手是很不容易的。父母需要面对可能会因此产生的无力感、失控感，但这也是为人父母所必须学会和经历的。父母只有学会放手，和自己的掌控欲说再见，才能让孩子健康成长。

被家长过度掌控的孩子

父母对孩子的掌控欲过强，必将引来孩子的反抗。在孩子小时，他可能无力反抗父母，但当孩子长大后，他会迫切想要脱离父母的掌控，远离让自己窒息的环境。

很多父母在养育孩子的同时，也会控制孩子。在这些父母看来，孩子可以弥补自己的很多遗憾，自己没有实现的梦想可以让孩子替自己实现，这导致这些父母的掌控欲过强，让孩子没有自己的空间。作为父母，我们要明白，独立是孩子成长的关键。父母需要做的是学会放手，让孩子自己面对一些事情。如果孩子自己不能很好地应对困难，父母也应该积极鼓励孩子。要知道，让孩子独立成长是父母对孩子最好的表达爱的方式。

孩子学习时谁也不能打扰
过度在意孩子的学习

　　埃米·莫林在《内心强大的父母不会做的13件事》里提出过这样的观点：很多父母在育儿方面做决定的依据是什么样的选择最不容易引发焦虑，而不是什么样的选择对孩子的长远发展最有利。

　　在孩子的成长过程中，很多父母会过度担忧孩子从而引起焦虑。在这些父母的眼里，孩子永远长不大，永远离不开自己。孩子只要遇到一点挫折和困难，这些父母就会立刻动手替孩子解决。这种过度担忧自然会引起焦虑情绪，而父母也难免会将这种情绪传递给孩子。

　　比如，很多父母在孩子学习时会要求家里所有人不能发出一点声音，也不能做任何可能会干扰到孩子学习的事情，殊不知，这种过度在意孩子学习的行为会让孩子产生紧张情绪，反而无法安心学习。

对孩子的学习不要过度在意

很多父母对孩子的学习过度在意，认为孩子的学习大过一切。

只要发生了任何我认为会影响孩子学习的事情，我就会非常焦虑，觉得孩子的学习成绩要下降了。

──────────── 对话1 ────────────

妈妈，我想和同学在小区里打篮球。

不行，这会耽误你写作业。

──────────── 对话2 ────────────

妈妈，爸爸说奶奶明天要来看我。

那也不能耽误你背英语单词。

──────────── 对话3 ────────────

妈妈，我去洗碗吧。

不行！你作业还没有写完。

　　生活中，有些父母经常会对孩子说："你只需要好好学习，其他事情都不用你管。"这些父母说这句话的本意是让孩子努力学习，不要受外界影响，他们不知道这句话透露出了自己内心的真实想法：孩子的学习最重要，其他都不重要。

不要做过度在意孩子学习的父母

您孩子学习时可真专心，不像我家孩子学习时三心二意的！

我有时觉得孩子的学习成绩还不错，有时又觉得孩子身边发生任何事情都会影响孩子学习。

　　在学习这件事上，很多父母几乎倾注了所有的人力、物力、财力，不敢有丝毫马虎，好像自己和孩子只要稍微松懈，孩子就会被别人甩在身后。这些父母把大大小小的事情全都替孩子安排好。孩子如果偶尔学习成绩不好或者学习态度不好，这些父母就会觉得天塌了。

　　其实，学习本来是孩子自己的事情，如果父母过分操心，所有的事都替孩子安排好，而且让孩子必须按自己的要求来做，那么孩子就会变成一个"木偶"，没有了自主权，也没有了主动意识和责任感。同时，父母的这种行为还很容易让孩子对学习失去兴趣甚至产生厌学心理，时间久了，亲子关系也会出现问题，一些孩子还会因此产生逆反心理。

过度在意孩子学习的父母

过度在意孩子学习的父母，往往会让孩子觉得父母既不尊重自己也不爱自己，父母只在乎自己能不能考出好成绩。这些孩子在成长过程中一直对父母有负面情绪，因此与父母的关系自然不会好。

　　父母需要正确看待孩子的学习，不要过度在意。在孩子的学习成绩出来之后，父母应与孩子一起理性分析，让孩子自己确定目标，制订计划。当孩子的学习成绩不是很理想时，父母也不要对孩子进行打击，盲目施加压力，而是应该帮助孩子找到问题在哪里，从而帮助孩子提升学习成绩。

　　这样，父母既能对孩子的想法有进一步了解，又能让孩子觉得父母关心自己大于关心学习成绩，从而让孩子与父母的关系更加亲密。每个孩子都有自己的优点，父母不应只执着于孩子的学习成绩，而应全方面关注孩子，给予孩子足够的、恰当的关爱。

只要孩子没在我眼前学习，就觉得他没学习

否定式教育

父母和孩子保持良好的关系是教育好孩子的前提，父母和孩子关系不好，很容易对孩子的学习和成长也产生不好的影响。

否定式教育的核心就是父母对孩子的不信任。这些父母不相信孩子自己可以慢慢成长，越来越好。他们坚信，只有自己每天监督孩子，对孩子进行批评教育，孩子才会越来越好。

而否定式教育的弊端也是显而易见的，没有人喜欢一直被批评。因此，长期被父母打压、指责的孩子很容易产生逆反心理，然后开始和父母对抗。

给孩子一些信任

很多父母不信任孩子会在没有父母监督的环境中学习，就算孩子真的努力学习了，这些父母内心依旧充满怀疑，不信任孩子。

有这样想法的父母在不信任孩子的同时，其实也不信任自己，不信任自己对孩子的教育，不信任自己能培养出一个自律、向上的孩子。

> 只要孩子没有在我面前学习，我就觉得他根本没有学习，然后就会很焦虑！

───────── 对话1 ─────────

 你怎么在看电视？今天是不是都没有学习？

我学了一天，才休息一会儿。

───────── 对话2 ─────────

 妈妈，我把今天的作业都写完了。

怎么可能？我都没看到你写作业。

───────── 对话3 ─────────

 妈妈，老师今天夸我最近有进步。

我怎么觉得你最近退步了？我都没有看到你学习。

　　父母这种一直不信任孩子的想法是自己产生焦虑的根源之一。有些父母甚至还会觉得：只有我管着、看着，孩子才有可能变优秀，孩子的优秀都是我培养出来的，孩子没有我不行。

父母要避免否定式教育

很多孩子会愤怒、不解地抱怨道："为什么我的爸爸妈妈宁愿相信别人的话，也不愿意相信我？"这其实是因为在家庭中，大多数父母认为自己在孩子面前是权威的，希望孩子尊重、顺从自己。但这种关系并不平等。而外人和父母的关系通常是平等的，因此父母会更重视、相信外人所说的话。

虽然很多父母是跟孩子生活在一起的，但他们经常是通过自己的想象来判断孩子在做什么。这些父母不知道的是，自己的这种做法会让孩子内心受挫，让孩子觉得自己和父母无法沟通，觉得自己是不被父母所喜爱的。时间长了，被如此对待的孩子更是会对父母关上自己的心门。

经常被否定的孩子的日常

长期不被父母信任的孩子，通常会不自信，自我价值感低，渴望得到别人的肯定。而长期不信任孩子的父母往往也很难得到孩子发自内心的尊重。

一些父母把孩子当成自己的附属品，认为既然孩子的生命是自己给的，那么孩子的一切自然都属于自己。这些父母并不认为孩子拥有独立的人格，在孩子出现问题时，他们想的不是如何解决问题，而是责怪自己的孩子。

如果父母在日常生活中表现出对孩子不信任，那么必然会影响孩子各方面的成长。因此，父母应该多注意孩子的优点，给孩子多一些尊重，多一些信任，让孩子在有安全感的环境中成长。

03

消除学习焦虑，
鼓励与教育同时进行

孩子不喜欢上学

提前引导

　　2019 年，联合国儿童基金会和世界卫生组织联合发布过一组数据，数据显示，全球 12 亿 10 至 19 岁青少年群体中，约 20% 存在心理健康问题；10 至 19 岁青少年群体遭受的疾病和伤害中，约 16% 由心理健康问题引发。

　　当今社会，孩子经常会由于各种因素出现心理问题，其中最主要的因素就是家庭。很多父母不想承认这一点，还会觉得有些委屈，觉得自己为孩子付出了一切，做什么都为孩子考虑，自己怎么还成了导致孩子出现心理问题的根源了呢？

　　比如，一些孩子不喜欢上学，用很多理由逃避上学，他们的父母为此感到焦虑，觉得自己是失败的父母，但同时这些父母又从心里觉得自己没有做错，认为一切都是孩子不懂事。

父母要学会控制自己的焦虑情绪

很多父母对孩子不喜欢上学这件事感到非常焦虑，不知道是哪个环节出了错，为什么自己的孩子就是不喜欢上学，对孩子的前程感到担忧。

这些父母不知道的是，自己会因为焦虑放大孩子的问题，而忽略孩子好的方面。因此，当孩子出现问题时，父母应控制自己的焦虑情绪，关注孩子出现问题的背后所透露出的信息，这样才能够解决问题。

我家孩子不爱上学，我感到很焦虑，担心他学习不好，长大后不能好好适应社会。

———————————— 对话1 ————————————

 妈妈，我不要上学！

不行，你必须去！

———————————— 对话2 ————————————

 妈妈，不要丢下我，我要回家！

乖乖在学校待着！

———————————— 对话3 ————————————

 妈妈，求求你了，我不要和你分开！

没时间了，快点进学校！

很多父母肯定会觉得以上对话很熟悉，因为这些对话经常发生在父母和孩子之间，让父母感到焦头烂额。那父母应如何解决这些问题呢？

孩子不爱上学，家长最焦虑

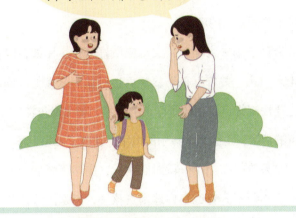

您把孩子教育得太好了！孩子每天都乖乖来上学。不像我家孩子，每天都哭闹着不想上学。

我儿子最开始也讨厌上学，我们想了许多办法，他才变得喜欢上学。

首先，父母应在孩子快到上学的年纪时，提前引导孩子，让孩子有"要开始上学了"的意识。其次，在日常生活中，父母可以多对孩子说些类似"老师什么都知道，以后上学了可以多问老师问题"的话，给孩子传递"老师很厉害，可以解决很多问题"的观念。

当孩子刚去上学时，父母应做好陪伴。比如，陪孩子一起走到教室，并告诉孩子放学后自己就会来接他。同时，父母也要控制好自己在孩子面前的情绪，如果父母流露出悲伤、不舍的情绪，也会影响孩子的情绪，让孩子不想上学。

如果孩子在上了一段时间学后，突然不想去上学了，父母千万不要不分青红皂白地指责孩子，而是应该让孩子在家休息几天，观察一下孩子的状态，与孩子好好沟通，找出孩子不想上学的原因，这样才能够解决问题。

帮助孩子好好上学的对话

父母需要掌握陪伴的技巧和了解孩子的情绪，学会找到孩子产生不良情绪的原因，这样才能够解决问题。

很多父母对自己的孩子满怀期望，希望自己的孩子喜欢上学，有一个好成绩。有医学专家曾表示，父母对孩子这种饱含爱的期望，很多时候会被父母简单粗暴地表达成一道等式：好好上学 = 考上好的中学 = 考上好的大学 = 找到好的工作 = 有一个好的人生。所以，任何涉及孩子上学的事情都会让父母感到焦虑，有时反而会因此忽略了孩子的想法，忽略了孩子所处的状态。

父母应学会站在孩子的角度思考问题，倾听孩子的心声。要知道，来自家庭的支持对孩子来说是最重要的。

孩子总是不爱写作业
帮助孩子养成良好学习习惯

父母在家庭教育面临的四大困难是：不知道用什么方法教育孩子；辅导孩子学习时觉得力不从心；太忙，没有时间照顾孩子；不了解孩子的想法。

孩子上学后，很多父母都遇到了一个难题：如何让孩子主动、积极地完成作业？很多家庭都出现过孩子写作业困难的现象，比如，孩子在写作业的时候看漫画；孩子写作业时找各种借口离开书桌；孩子写作业时心不在焉，几个小时也无法写完作业……

遇到这种情况，一些父母会选择采取劝说的方式，苦口婆心地给孩子讲道理，但效果大多不尽人意；还有一些父母火气上来后会控制不住地责骂孩子，却发现孩子毫无改变，甚至情况越来越糟。孩子写作业这件事情就这样变成了很多家庭的一大难题。

不要成为盲目焦虑的父母

很多父母长期处在"孩子总是不爱写作业"这件事的焦虑中，但却没有任何头绪，父母还会把自己的焦虑传递给孩子，甚至会让亲子关系变得恶劣。父母需要知道的是，自己这种盲目的焦虑对解决问题一点帮助也没有。父母应冷静下来，仔细观察孩子，从多个角度对孩子进行分析，了解孩子不爱写作业的真正原因。

———————————————— 对话1 ————————————————

 把今天的作业写了。

不，我要吃点心！

———————————————— 对话2 ————————————————

 别看电视了，作业还没写呢。

不，我要再看一会儿！

———————————————— 对话3 ————————————————

 妈妈，我想睡觉。

作业写完才能睡。

　　学习是孩子的主要任务，但家长应该了解的是，学习是孩子自己的事，父母可以从旁协助，解决孩子的一些学习困惑，帮助孩子养成良好的学习习惯，但学习这件事需要孩子自己去努力。

学会做聪明的父母

很多时候，父母在旁边急得团团转，无比焦虑，但孩子却毫无感觉，认为这一切都和自己无关。

首先，父母应分析孩子为什么会在写作业时分心，然后找到影响因素，对症下药，给孩子创造一个舒适的学习环境。其次，孩子一般自控力较弱，因此父母应让孩子遵守一次只做一件事的原则，这样孩子才不会手忙脚乱，做事情也会更有条理。最后，父母要鼓励、赞扬孩子，当孩子作业完成较好时，父母要及时赞扬孩子，让孩子收到父母的正向反馈。

懒惰是人的天性，父母要想孩子能自觉完成作业，就要让孩子养成良好的生活习惯，培养出自律、独立的品质。

鼓励比责罚更有用

孩子写作业时不认真、易分心，父母一定要找到问题的根源，并从不同角度进行分析，根据分析结果采取行动，让孩子养成良好的学习习惯。

作为父母，我们要能接受孩子的不完美。有些父母怕孩子做不好手工作业，就会自己去帮孩子完成。还有些父母只要发现孩子的作业有做错的地方，就会觉得不能接受，并且会立马联想到孩子上课是不是没有认真听讲或者孩子是不是跟不上课程。这些都会让父母的情绪时刻处于紧绷状态，从而产生焦虑。

作为父母，我们需要时刻调整自己的心态，既不能一味地逼迫孩子，也不能给自己施加太多压力。每个父母都应该学会思考，做聪明的父母。

孩子成绩差

鼓励比批评更重要

　　没有一个孩子愿意承认自己比别人差，他们都希望得到肯定。

　　当今社会的竞争日益激烈，成绩被很多父母认为是孩子最重要的事。当自己的孩子成绩不好时，很多父母会对自己的孩子很失望，觉得自己的孩子不如别人家的孩子，甚至觉得自己的孩子没救了。殊不知，父母的这种情绪会被孩子清晰地感知到，从而影响孩子的成长和心理健康。

　　很多父母对自己的孩子都抱有很高的期望，希望自己的孩子能"成龙""成凤"。但随着孩子慢慢长大，很多父母逐渐感觉到，自己的孩子并不是天才，只是一个普通人，但很多父母很难接受这样的现实，于是就会不停地焦虑。

父母不要因为孩子成绩差而过度焦虑

很多父母会因为孩子成绩差而无法控制自己的情绪，过度焦虑。焦虑本来是人面对危险时的一种自救情绪，适当焦虑对人的发展是有利的。但父母因为孩子成绩不够好而过度焦虑，进而对孩子发火，对亲子关系的良好发展和孩子的健康成长是没有任何好处的。

在孩子的成长过程中，父母会遇到各种各样的问题，面对这些问题时，父母应冷静分析问题产生的原因，思考解决办法，努力让孩子信赖父母，而不是害怕父母。

只要孩子成绩不好，我就会感到很焦虑，会觉得是不是孩子没努力，甚至会忍不住对孩子发火。

—————————— 对话1 ——————————

你这次数学成绩又退步了，太让我失望了！

妈妈，我已经努力了……

—————————— 对话2 ——————————

妈妈，我作业写完了！

作业写完还不够，再去做几张习题卷。

—————————— 对话3 ——————————

妈妈，我这次考试考了第二名！

第二名算什么？你看琳琳，一直是第一名！

　　孩子能否取得好成绩，长大后能否成功，孩子的聪明程度并不是唯一的决定因素。只要孩子不断进步，即使每次只进步一点，也是十分可贵的。父母要学会肯定孩子的努力，让孩子知道只要自己努力了，就不会有遗憾。

接受孩子的普通

你家孩子太聪明了，不像我儿子，怎么教都不行！

其实大多数孩子都是普通人，父母要调整好心态，降低期待值，接受孩子的普通。

当孩子考试考得不好时，父母不要盲目批评，但也不要盲目鼓励，而是应该学会换位思考，与孩子共情。只有这样，父母才能更好地体会孩子的感受，然后找到问题所在，帮助孩子建立对学习的信心。

当孩子的成绩不理想但是有进步时，父母一定不要觉得这点进步没有意义，而是要鼓励孩子，让孩子知道只要自己努力了就会有收获，努力了就值得被夸奖。

有些父母觉得自己的孩子很聪明，稍微一努力，成绩就能上去。但父母不能把鼓励的重点放在孩子的聪明上，而是应放在孩子努力的过程上，让孩子知道，自己的努力比聪明更重要。

鼓励教育和批评教育

父母不要想着把孩子养育成自己想要的模样，应努力让孩子做他自己。父母应在生活中仔细观察，发掘孩子的天赋，然后让孩子充分发挥天赋。

作为父母，我们应该努力了解孩子，对孩子有合理的期待。真正聪明的孩子和真正笨的孩子都是极少数，大部分孩子都是普通人。父母不应因此过度焦虑，就像前文提到的，父母的焦虑非常容易传递给孩子，即使父母自认为隐藏得很好，也会被孩子在朝夕相处中感受到，孩子也会在不知不觉中变得焦虑、精神紧绷。

父母是世界上最了解自己孩子的人，应放平心态，根据孩子自身的情况，给孩子制订合理的目标，对孩子抱有合理的期待，不要要求孩子处处优秀、完美无缺。只有这样，父母才能摆脱焦虑，孩子也能够健康快乐地成长。

失去兴趣的兴趣班
合适的才是最好的，切忌盲目跟风

想让孩子优秀，不想让他比别人差得太多，这是所有父母的心愿，是人之常情。但是，不知从什么时候起，兴趣班成了父母炫耀的资本。

在孩子兴趣班的选择上，很多父母看到别人家的孩子学这个、那个，样样精通，便感到十分焦虑，觉得自己的孩子落后了，甚至会自责自己让孩子输在了起跑线上。

现在兴趣班的种类特别多，比如美术班、舞蹈班、逻辑思维班、编程班、科学启蒙班等。有些父母给孩子报了很多兴趣班，让孩子一点儿空闲时间也没有。孩子小小的身体背负着巨大的压力，但他们的父母却浑然不觉，一心沉浸在孩子"成龙""成凤"的美梦里。

父母不要把孩子的"失败"归咎于自己

很多父母愿意为孩子付出一切，因此一旦孩子在哪一方面不如意，这些父母就会把孩子的"失败"归咎于自己，从而陷入焦虑。

父母应转变自己的观念，把自己的一部分注意力转移到别的地方，给孩子营造一个轻松愉快的家庭氛围，不要让孩子的精神状态时刻紧绷。这样，才会增加孩子的幸福感，亲子关系才能和谐。

每当看到别的父母给孩子报了什么我没给孩子报的兴趣班，我就会很焦虑，觉得我的孩子因为我落后了。

───────────── 对话1 ─────────────

 妈妈，我不想再上篮球兴趣班了。

邻居家的小朋友都在上，你不能落后。

───────────── 对话2 ─────────────

 妈妈，这积木真好看！

哎，我早就应该给你报积木兴趣班。

───────────── 对话3 ─────────────

 妈妈，琳琳说我画的画不好看。

妈妈现在就去给你报一个绘画兴趣班。

　　父母不停地给孩子报兴趣班，真的都是为了培养孩子的兴趣吗？显然不是。其实，大部分父母为孩子报兴趣班是因为自己的焦虑，不愿意自己的孩子落后别人家的孩子；另外一部分父母是觉得给孩子报兴趣班这种行为是在尽自己作为父母的责任。

别让兴趣班成了攀比的资本

我听说琳琳妈妈给她报了个戏剧班，咱们也得赶紧给孩子报上。

我只给琳琳报了这一个兴趣班，因为她说她很喜欢戏剧。

　　这些父母因为焦虑、责任，让孩子丝毫没有喘息的机会，孩子像陀螺一样穿梭在各种兴趣班之间，这些父母也让自己陷入了恶性循环当中。

　　在网络上有一档综艺节目，节目中有一个 6 岁的女孩，她的妈妈就和前文的这些父母一样。这个女孩的妈妈为她报了多个各种各样的兴趣班，让她的生活不是在兴趣班里，就是在去兴趣班的路上。

上太多兴趣班的孩子的日常

> 兴趣班培养的是孩子的兴趣，而不是满足父母的欲望。父母在给孩子挑选合适的兴趣班时，千万要尊重孩子的想法，否则只会让孩子失去自我，让亲子关系也越来越恶劣。

父母需要知道的是，培养兴趣并不是只有报兴趣班这一种方式。父母应仔细观察孩子的兴趣爱好，结合家庭的实际情况，为孩子的发展提供力所能及的帮助。同时，情绪是会传染的，孩子从小就陷入焦虑情绪中对孩子的成长只会百害而无一利。

黑幼龙先生在《慢养》中说道："将一颗种子埋进花园里，提供丰沃的土壤、温暖的阳光和充足的水分，是让这颗种子满满长成它真正的样子。"养育孩子就应如此，父母需要用心，要耐心地对待孩子，不要揠苗助长。

04

消除性格焦虑，接受孩子的不完美

孩子内向一些也没什么不好
从心里接纳孩子的性格

美国心理学家尤里·布朗芬布伦纳提出了生态系统理论。他认为，人在复杂的关系系统中的发展受到多水平环境的影响。

孩子的性格受各种因素影响。尤里·布朗芬布伦纳认为文化、法律、价值观等是宏观系统，父母、老师、朋友等和孩子关系密切的人属于微观系统，而如孩子父母和孩子老师之间的沟通这种微观系统之间的关系属于中间系统，此外还有外部系统和时间系统。

我们不难看出，微观系统和中间系统对孩子的发展影响更大。也就是说，如果父母用正确的态度对待孩子，并做好和孩子老师之间的沟通，那么孩子的生活环境就足够健康。

不要成为认知错误的父母

很多父母担心自己孩子的性格过于内向，怕孩子不能适应当今社会，对孩子的内向感到焦虑，并总是想方设法让孩子变得更活泼些，其实这些都是不必要的。

生活中有很多这样的父母，他们觉得性格内向是孩子的缺点，活泼外向的孩子才有出息，而孩子内向就不好。显然，这种认知是错误的。这些父母不了解，外向、内向只是人的性格特征，并没有好坏之分。

我觉得自己的孩子很内向，总是担心孩子有自闭症或者社交恐惧症，也怕孩子不适应社会，所以我总是很焦虑。

─────────────── 对话1 ───────────────

 妈妈，我不喜欢交朋友。

不行，小朋友就应该多和同龄人接触，多交朋友！

─────────────── 对话2 ───────────────

 快，给大家表演个节目！

呜呜呜，我不要！

─────────────── 对话3 ───────────────

 你这孩子，见到人怎么都不打招呼！

妈妈，你是不是不喜欢我？

　　很多父母虽然没直接对孩子说："你这孩子性格真不好！"但他们的实际行动和言语无不在表达自己这个观点。每个孩子都在乎父母的评价，在乎父母是如何想自己的，他们通常通过父母的评价来判断、认识自己，甚至在不知不觉

世界上没有完美的性格

间将这些评价转换成对自我的认知。而内向的孩子通常心思会更细腻，对情绪的感知能力更强。因此，父母应该注意自己的言行，尽量不要对孩子进行一些负面评价，给孩子"贴标签"。

相比外向的孩子，内向的孩子更加小心谨慎，在做任何事情前，他们通常要仔细思考。因此，很多父母对待性格内向的孩子难免会着急和不耐烦。

这些父母不懂，内向是一种正常的心理状态，内向的孩子通常善于思考，内心世界都比较丰富。聪明的父母应该学会了解、理解孩子，然后根据孩子自身的性格及性格优势对孩子进行培养。

性格内向的孩子的潜在优势

美国心理学家詹姆士说："人最本质的需要是渴望被肯定。"内向的孩子经常会缺乏自信，甚至有些自卑。这类孩子的父母需要对孩子予以充分的肯定，帮助孩子健康成长。

当父母发现孩子性格内向时，不要过于焦虑，而应意识到性格内向也是有优势的。内向的孩子通常不愿意说话，这不代表他们的表达能力差，只是他们比较被动，需要父母给予他们足够的安全感，然后引导他们将自己对事情的看法表达出来。久而久之，孩子就会变得健谈一些。

同时，父母应保护孩子的自尊心，不应在外人面前勉强孩子说话，不应不分场合地对孩子进行批评。

父母可以多带孩子接触外面的世界，多出去旅游，接触不一样的人，或者让孩子邀请同学们来家里做客。对于内向的孩子来说，这种教育方式是十分有利于他们成长的。

孩子总是不自信
努力发现孩子的闪光点

教育学家陶行知就曾表示：父母要相信孩子，解放孩子，才能使其自信。

更自信的孩子总会在人群中更加显眼。是否自信是孩子心理健康成长的重要因素，这是需要父母关注的。有很多父母在孩子的成长过程中，总是觉得孩子不够自信，并为之感到焦虑。父母都希望能培养出一个落落大方、充满自信的孩子，但在孩子的生活中，有很多复杂因素并不是父母能掌控的。当父母从孩子的日常行为中发现孩子缺乏自信，甚至有些自卑时，父母通常会感到焦虑，想了解孩子变成这样的原因，但很多时候都无从下手。

不要对孩子的自卑不在意

很多父母并不会时刻注意到孩子的心理变化，或者注意到了也没有当回事，从而导致孩子的心理状况越来越差。"冰冻三尺，非一日之寒。"事实上，孩子的心理、行为变化都是一步一步地。如果父母能够及时发现，及时干预，那么就能在孩子陷入自卑情绪之前，帮助孩子调整好情绪，正确认识自己并树立自信。

一开始，我没把孩子的自卑当回事，觉得孩子长大了就好了。但没想到，孩子现在完全陷入了自卑情绪中。

———————————————— 对话1 ————————————————

妈妈，我数学考了 100 分！

你要继续努力，你看芳芳，每次都是 100 分！

———————————————— 对话2 ————————————————

妈妈，你看我画的画好看吗？

画的都是些什么！多把心思用在学习上！

———————————————— 对话3 ————————————————

你穿这件衣服不好看，赶紧换掉！

可是这是我最喜欢的衣服呀。

　　很多父母喜欢对孩子进行打击式教育，觉得只要自己夸奖孩子，就会让孩子变得骄傲自满。可这些父母不知道，这种教育方式是非常不可取的，也是导致孩子不自信的根源之一。

孩子的自信需要父母来培养

少儿演讲大赛

您真是太让人羡慕了，您家孩子这么活泼大方，不像我家孩子，看起来一点儿也不自信！

我的孩子也不是一开始就是这样的，孩子的自信是需要父母来培养的。

很多研究表明，了解自身优势的孩子往往发展得更好。因此，相较于孩子的缺点，父母更应该关注的是孩子的优点。

孩子在成长过程中总是有失败感也会让其不自信。这种失败感会让孩子在遇到事情的时候焦躁不安，然后因为害怕失败而退缩不前。

有些孩子的自尊心较强，追求完美，通常这样的孩子都拥有对自己期望过高的父母。当结果没有达到父母预期时，这些孩子就会变得不自信。

孩子的自我意识正比较薄弱，他们需要通过别人的评价来建立自我意识，认识自我。一旦他们收到过多的批评或指责，就会变得不相信自己，久而久之，就会失去自信。

孩子不自信的原因

父母要用约 80% 的时间关注孩子的优势，约 20% 的时间关注孩子的劣势，多发现孩子身上的闪光点。这样，孩子才会自信起来。

不自信的孩子会放大自己身上的缺点，忽略自己身上的优点，他们不敢尝试新鲜事物，不会主动表达自己的观点，不想让人把目光聚集到自己身上。

作为父母，我们不要过多强调孩子身上的不足，而要帮助孩子发现身上的闪光点。父母要认识到教育方式的重要性，要知道自己是孩子最亲近的人，自己的打击会让孩子一蹶不振，但自己的鼓励也能帮孩子建立自信。

成长路上，孩子会遇到各种各样的问题，只要父母运用正确的方式，发挥出自己的作用，一切问题都会迎刃而解。

孩子总是三分钟热度
挖掘孩子的兴趣

人的大脑具有兴奋功能和抑制功能。孩子大脑的兴奋功能发展良好，但抑制功能并不完善。

很多父母发现自己孩子的自我控制能力很差，经常三分钟热度，并为此感到焦虑。其实，孩子自我控制能力差是由孩子的性格和生理状况两部分导致的。孩子的兴奋功能发展得完善，因此他们很容易一遇到事情就兴奋起来，但因为他们的抑制功能还并不完善，导致他们的注意力常常不能集中。

对于这种情况，父母不要盲目焦虑，指责孩子，而是应在理解孩子还未发育完全的前提下认真观察，分析导致孩子三分钟热度的原因，然后对症下药。

不要拿衡量大人的标准去衡量孩子

很多父母常拿衡量大人的标准去衡量孩子，因此无论如何父母也得不到满意的结果。因为孩子的身体发育尚未成熟，专注力也无法与成年人相比，因此父母要对孩子建立合理的期望，并在孩子进步时及时鼓励孩子。同时，父母可以对孩子进行一些专注力方面的训练，为孩子今后的发展打好基础。

我觉得我家孩子太贪玩了，我不明白他为什么没办法专注地做一件事情。

———————————— 对话1 ————————————

妈妈，我不想学钢琴了。

你这孩子做什么事情都不能坚持！

———————————— 对话2 ————————————

妈妈，我讨厌跳舞！

不行，你必须把舞蹈课上完！

———————————— 对话3 ————————————

妈妈，我觉得画画一点也不适合我。

你就是这样，干什么都三分钟热度！

　　很多父母在觉得孩子不能坚持，做事三分钟热度时，从不会思考孩子为什么会这样，只是自己焦虑，然后不停地责备孩子。父母如果想让孩子学会坚持，就必须从各个角度对孩子进行分析，充分了解孩子。

找到孩子的兴趣点

您是有什么秘诀吗？为什么您的孩子能一直认真学钢琴？我家孩子学两天就不愿意学了？

要找到孩子的兴趣点。要是让我女儿学画画，估计她也会不愿意。

首先，父母应该让孩子拥有充分的自主权，只有孩子感觉自己能给自己做决定时，才会充分发挥主观能动性，才会不轻易放弃。

其次，父母在给孩子选择兴趣班时，应综合考虑孩子的年龄和个性。每个孩子都是独一无二的，父母千万不要揠苗助长或随便跟风。

最后，父母应多鼓励孩子，帮助孩子获得成就感。如果孩子在某件事上不断获得成就感，那么他就更能够坚持做下去。

只有在父母的耐心引领下，孩子才能够慢慢探索，找到自己真正的兴趣。

孩子的成长需要父母的正确引导

父母培养孩子的兴趣爱好，不仅能让孩子多一项技能，还能让孩子学会坚持，学会战胜自己。而父母在这个过程中要做的就是挖掘孩子的兴趣，并正确引导孩子。

"父母之爱子，则为之计深远。"当孩子经常放弃的时候，父母一定要冷静地想一想，孩子这样的原因和隐藏在孩子内心深处的需求。

很多父母觉得孩子的坚持体现在自己希望孩子去做什么，孩子就要一直做下去，无论孩子对这件事感不感兴趣。但其实，让孩子坚持的前提是帮助孩子找到真正的兴趣，只有孩子发自内心的喜欢某件事，孩子才能坚持下去。

兴趣能让人全力以赴，兴趣能让人学会坚持。在孩子的成长过程中，父母要帮助孩子找到属于自己的兴趣。

孩子是个爱哭鬼
严厉制止和温柔拥抱

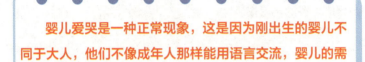

> 婴儿爱哭是一种正常现象，这是因为刚出生的婴儿不同于大人，他们不像成年人那样能用语言交流，婴儿的需求通常是通过哭来表达的。

婴儿爱哭是一种正常现象，婴儿不会说话，通常通过哭来表达自己的需求。但很多父母感到焦虑，自己的孩子一天天长大，爱哭的习惯却没有改善，甚至更加严重。这些父母想了各种办法来解决这个问题，但都收效甚微。

解决孩子爱哭的问题要对症下药。孩子的哭大体分为生理原因（如饿了、累了、生病了等）和心理原因（如因被指责、被欺负而感到难过、委屈、生气等）。有些孩子还会通过哭来吸引大人的注意，要挟大人，从而达到自己的目的。

不要成为纵容孩子的父母

很多父母只要孩子一哭闹，就会马上满足孩子的任何要求，不管这种要求是不是无理的。这些父母只想通过这种方式让孩子停止哭闹。

这些父母的行为显然是饮鸩止渴，为了一时的安静，让孩子养成用哭解决问题的坏习惯。如果一直这样下去，孩子会养成更多的坏习惯。

只要孩子一哭，我就想满足他的要求，只要他能停止哭闹。

———————————— 对话1 ————————————

 呜呜呜，妈妈，我要出去玩儿！

快别哭了，去吧去吧！

———————————— 对话2 ————————————

 呜呜呜，我最讨厌看书了，我不要看了！

不看就不看，吃点水果吧。

———————————— 对话3 ————————————

 呜呜呜，这作业太难了，我不要写了！

来，妈妈帮你写。

　　孩子一哭闹父母就妥协的这种行为是让孩子成为爱哭鬼的根源之一。这种行为会让孩子认为：只要自己一哭闹，大人就会注意到自己；只要自己一哭闹，就可以得到任何想要的东西；只要自己一哭闹，就可以解决任何问题。

不要做"有哭必应"的父母

您女儿可真乖巧，不像我儿子，整天哭。

我女儿以前也爱哭，但她后来发现哭并不能改变任何事情，慢慢就不那么爱哭了。

　　父母在面对孩子哭闹时，绝不能用妥协来换取一时的安宁，而是应该找出孩子哭闹的根本原因，对症下药。

　　比如，当父母发现孩子无法控制他的情绪，而自己无论用何种平和的方法都无法让孩子冷静下来时，父母可以严肃地对孩子说："停下来！"并采取"倒数五个数"的方法，严厉制止孩子哭闹。等孩子停止哭闹，父母需要立刻拥抱孩子，让孩子知道父母是爱自己的，千万不要把孩子放在一边不管。

　　这些方法能让孩子知道：哭闹不能帮你解决任何问题，你只要好好说，父母会听你说，会理解你，会与你一同解决问题。

不要做纵容孩子哭闹的父母

父母在遇到孩子爱哭的问题时，除了分析孩子爱哭的原因，还应反省一下自己平日的行为，看看自己有没有经常忽略孩子的感受，如果有，应及时改正。

孩子有哭的权利，当孩子想哭时，让孩子哭一下，发泄一下心中的情绪也是一件好事。

父母要学会接纳孩子身上的优点与缺点，孩子也需要了解自己的特点。当孩子哭闹的时候，父母应对孩子说"我理解你现在的心情，我知道你因为……不开心，所以一直在哭，我给你时间整理自己的情绪，等你哭完后，我们再好好聊一聊"等类似的话。

总之，无论用哪种方法处理孩子爱哭的问题，父母的出发点都是对孩子的爱。无论用严厉的方法还是温柔的方法，父母都应让孩子感受到自己对他的爱。

05

消除生活焦虑，培养孩子的自驱力

2 2 2 2 2

22

孩子不爱吃饭
制订用餐规则

常见的孩子进食困难可分为：感官选择性挑食，畏惧进食，具有被忽视的潜在疾病等。

只有让身体摄取足够的营养，孩子才能健康成长，拥有一个好身体。所有父母都希望自己的孩子不挑食，可以按时吃饭。然而，有些孩子却非常挑食，这让这些孩子的父母十分焦虑。为了让孩子摄取足够的营养，父母需要想方设法让孩子自觉吃饭，规律饮食。

孩子不爱吃饭的原因有很多。有些孩子可能是因为挑食，只喜欢吃某些食物，对其他食物则不感兴趣。还有些孩子可能有身体或心理问题导致食欲不振。此外，孩子的嗅觉和味觉还未发育成熟，对某些食物的味道和气味感到不适，进而不愿意食用。

不要一味地强迫孩子

很多父母在孩子不愿意进食时，可能会采取强制措施，如用惩罚或威胁的方式来强迫孩子进食。这种做法可能会引起孩子情绪波动，进而导致孩子更加抵触进食。

父母应该明白，孩子的进食行为是受多种因素影响的。当父母强迫孩子进食时，孩子可能会感到不舒服，从而更加排斥食物。这样的做法还可能会导致孩子与父母之间的关系变得紧张。

每当孩子不好好吃饭，我就会很焦虑。不管用什么方法，只有让孩子把饭吃下去，我才能恢复平静。

---对话1---

 我不想吃这个！

不行，这个营养丰富，你必须吃！

---对话2---

 妈妈，我现在不饿。

不饿也要吃一点，到了吃饭的时间了。

---对话3---

 快来吃饭！

不，我不喜欢吃饭，我要吃零食。

　　父母要解决孩子不爱吃饭的问题，必须要先分析孩子这种行为背后的原因。

　　首先，孩子可能因为感冒、发烧、胃病或其他身体不适而不想吃东西。如果孩子的食欲降低并伴随着其他症状，比如腹痛、呕吐或腹泻，那么就需要就医。

找准原因，对症下药

您把儿子教育得太好了，一点儿也不挑食，不像我儿子。

每个孩子都不同，咱们作为父母，要了解孩子行为背后的原因，对症下药。

其次，孩子可能因为压力过大、紧张或焦虑而不想吃东西，比如因为学习压力、家庭争吵等。

另外，如果孩子过度依赖高热量、高脂肪、高糖分的食物，可能会导致营养过剩，也会导致孩子食欲降低；孩子还可能因为挑食而不爱吃饭，如果孩子只吃某些喜欢的食物，那么他们可能会遇到营养不均衡的问题。

只有了解了孩子不爱吃饭的真正原因，父母才能使用正确的方法解决问题，而不是盲目的焦虑。

挑食的孩子的日常

当孩子不爱吃饭时，父母不要逼迫孩子吃饭，而要鼓励孩子尝试各种食物，并称赞他们。需要注意的是，父母不要将食物作为奖励或惩罚，这样会让孩子对食物产生错误的认知。

父母在了解孩子不爱吃饭的原因后，应采取一些有效措施来帮助孩子。

父母可以为孩子制订固定的饮食计划，规定每天三餐的时间，让孩子养成良好的饮食习惯；父母还可以为提供孩子各种各样的食物，让孩子有更多的选择，激发孩子的食欲；如果有闲暇时间，父母还可以尝试不同的烹饪方法，如烤、蒸、煮等，让孩子感受不同的口感和风味；如果孩子感兴趣，父母还可以适当地让孩子参与到烹饪过程中，让孩子有更多的参与感，增加孩子的食欲。

除了以上这些具体措施，还有最重要的一点就是，父母应该保持耐心，积极地给予孩子充分的支持和鼓励。

孩子长不高
合理安排饮食和运动

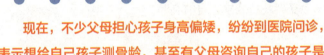

现在，不少父母担心孩子身高偏矮，纷纷到医院问诊，表示想给自己孩子测骨龄，甚至有父母咨询自己的孩子是否需要食用营养补剂、注射生长激素。

提起身高，当父母的没有几个是不敏感的，每到逢年过节，走亲访友的时候，除了年龄、学习成绩，被问的最多的就是孩子多高了。许多父母每当看见自家孩子的个头明显比同龄人矮了点，自己的心就不由地揪了起来。孩子如果吃得没有自己想象的多，许多父母也会担心不已，生怕孩子因此长不高。

陷入孩子身高焦虑的父母

很多父母因为自己的孩子比别人家的孩子矮而陷入焦虑，这种焦虑往往源于这些父母的过度担心，他们担心自己的孩子会因为身材矮小而被同龄人嘲笑或排斥，担心孩子的自尊心受到打击。他们也担心孩子的身体发育是否正常。他们还担心孩子的身材矮小会影响到孩子的未来发展，比如在职场中受到歧视或缺乏自信心等。

我时常感到很焦虑，彻夜难眠，因为我的儿子比同龄的孩子都矮。

―――――――― 对话1 ――――――――

妈妈，我今天很累，不想跑步。

不行！你已经比别的小朋友矮了，必须锻炼！

―――――――― 对话2 ――――――――

你看看你的同学都这么高，你怎么就长不高呢？

我也很想长高，但是我不知道该怎么做。

―――――――― 对话3 ――――――――

妈妈，我吃饱了！

再多吃一些，吃得多才能长得高。

　　父母的这种焦虑情绪和过激行为可能会对孩子产生负面影响。首先，父母过度的焦虑和关注可能会对孩子造成心理负担，导致他们出现焦虑、自卑等问题。其次，让孩子过多地关注自己的身高，可能会使他们忽略自己身上其他的优点，比如学习能力、想象力等，影响他们的成长。

不要只关注孩子的身高

您儿子现在就这么高了！可真让人羡慕。我家孩子太矮了。

每个孩子都有自己的优点，我还羡慕您儿子钢琴弹得好，歌也唱得好呢！

　　父母也应采取更积极的方式来帮助孩子走出身高焦虑。首先，父母可以鼓励孩子接受自己的身高，告诉孩子每个人都有其独特的优点和不同的长处。其次，父母可以帮助孩子塑造积极的自我形象，鼓励他们发展自己的兴趣爱好和才能，让他们变得自信。

　　父母应该时刻关注孩子的身心健康，而非单纯地在意孩子的身高。父母让孩子养成健康的生活习惯，提供营养均衡的饮食，以及给予孩子足够的关爱和支持，可以帮助孩子更加健康、快乐和自信的成长。

合理安排饮食和运动

不要把身高当成评判孩子价值的标准。身高是一种生理特征，不应该被过分放大。父母应帮助孩子树立正确的自我价值观，帮助孩子认识到自己的价值不在于身高，而在于他们的人格、才能。

孩子长得矮的原因有很多，包括遗传、营养不良、生长激素缺乏等。对于父母来说，安排合理的饮食和运动可以帮助孩子更好地发育。

首先，孩子的饮食应该包含足够的蛋白质、碳水化合物、脂肪、维生素等营养物质。父母可以选择一些富含这些营养物质的食物，进行合理搭配，如肉类、蛋类、豆类、谷物、水果和蔬菜等。

其次，孩子的体重应该维持在健康范围内。体重过重或过轻都会影响孩子的身体健康。

最后，父母应鼓励孩子进行适当的运动。适当的运动可以促进孩子的发育，提高孩子的身体素质，有助于孩子的身高增长。

孩子沉迷电子产品

沟通和以身作则

现今，我国越来越多的中小学生拥有自己的电子产品，如电话手表、手机、平板电脑等。

据研究表明，大多数孩子每天使用电子产品的平均时间已经远远超过了健康使用时间。比如，有专家推荐孩子每天最多使用电子产品 2 小时，但许多孩子每天使用电子产品的时间已经超过了 3 小时。

孩子越来越频繁地使用电子产品，会对他们的身心健康产生负面影响。比如，孩子过度使用电子产品可能导致注意力不集中、学习成绩下降等问题。

这种现象让很多父母都感到焦虑，并想了各种办法来解决孩子沉迷电子产品这个问题。

父母是孩子的榜样

父母自己过度使用电子产品是孩子沉迷电子产品的原因之一。孩子在成长的过程中，往往会学习和模仿父母的行为。如果父母经常使用电子产品，孩子就会认为这是一种正常的行为，也会跟着频繁使用电子产品。

此外，父母如果过度依赖电子产品，就会忽视与孩子互动，让孩子感到孤独和无助，从而导致孩子靠电子产品来获得满足感。

只要我一看手机，孩子就跟着看。现在孩子已经沉迷电子产品了，我真不知道该怎么办。

—————— 对话1 ——————

 妈妈，我眼睛疼！

看了一整天的电脑，眼睛能不疼吗！

—————— 对话2 ——————

 宝贝，过来吃饭。

我不吃了，我要再玩会儿平板电脑。

—————— 对话3 ——————

 咱们全家明天要出去野餐，开心吗？

我不要出门，我要在家玩游戏。

孩子沉迷电子产品会出现的问题有：

1. 眼睛问题。长时间使用电子产品，尤其是在光线较暗的环境下，孩子可能会出现眼睛疲劳、干涩、视力下降等问题，这些问题可能会一直伴随着孩子成长。

做善于和孩子沟通的家长

2.社交问题。过度沉迷电子产品，孩子可能会忽视与家人、朋友的交流，这样会导致孩子与现实生活脱节，甚至导致孩子产生孤独感。

3.睡眠问题。过度使用电子产品可能会导致睡眠问题。电子产品的光线会抑制身体褪黑素的分泌，从而影响孩子的睡眠质量，导致孩子出现失眠等问题。

4.骨骼问题。长时间低头使用电子产品，孩子可能会出现颈椎发育不良等骨骼问题。

5.健康问题。孩子过度沉迷电子产品，可能会丧失规律饮食、适当运动等健康习惯，这可能会导致孩子出现肥胖等健康问题。

6.心理问题。过度依赖电子产品，孩子可能会沉迷虚拟世界，这可能会导致孩子情绪不稳定，出现抑郁等心理问题。

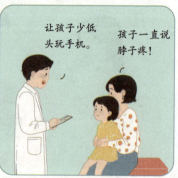

让孩子不再沉迷电子产品

父母和孩子的沟通对孩子的成长至关重要，不管遇到任何问题，父母都不应不分青红皂白地批评孩子，而是应和孩子进行良好的沟通。

有些父母出于对孩子过度使用电子产品的担忧，有时会采取一些过激行为，但这些行为一般都会对孩子产生负面影响，也会让亲子关系变得紧张。这些父母的做法是十分不理智、不恰当的。

父母可以采取一些科学的方法来改变孩子，比如，父母可以明确规定孩子每天使用电子产品的时间；父母还可以鼓励孩子参与其他活动，如户外运动、阅读等，这些活动可以帮助孩子培养兴趣，减少对电子产品的依赖。

最重要的是，父母要与孩子沟通，了解他们为什么喜欢使用电子产品，并尝试找到一种平衡的方式，让孩子既能享受电子产品的乐趣，又能保持健康的生活方式。

孩子不爱刷牙、洗澡
小游戏来帮忙

有心理学家认为：父母和孩子在孩子成长过程中的互动，会影响孩子的思考、感受和行为模式。

许多父母对孩子不爱刷牙、洗澡的问题感到烦恼，这些问题不仅会影响孩子的健康，也会给家庭生活带来不便和不适。如果孩子不爱刷牙、洗澡，口臭、蛀牙、身体有异味等问题可能就会出现，这些问题不仅会伤害孩子的自信心，还可能会引起其他健康问题。

这不仅仅是孩子的个人习惯问题，还可能与孩子的生活环境、心理状态、健康状况等多方面因素有关。

不要做逼迫孩子的父母

很多父母选择用吓唬、逼迫等方式来达到目的，这样做的危害是显而易见的。如果孩子长期在父母的逼迫下刷牙、洗澡，他们会产生抵触和焦虑。这些情绪会导致孩子更加不愿意去做这些事情，出现叛逆的行为。还有些父母对孩子的卫生习惯要求过于严格，也会引起家庭冲突。而频繁的家庭冲突难免会对家庭关系产生负面影响，导致孩子感到不被尊重、呵护。

我家孩子非常不愿意刷牙和洗澡，我就只能通过吓唬、逼迫等方式让他听话，但这么下去也不是办法啊。

———— 对话1 ————

 看你打球打得一身汗，快去洗澡！

我不洗，我早上已经洗过了！

———— 对话2 ————

 吃完这块蛋糕，马上去刷牙。

我不去，我讨厌刷牙！

———— 对话3 ————

 快起来，洗完澡才能睡！

我不洗，我好累……

孩子不愿意洗澡和刷牙可能有多种原因，这些原因可能涉及孩子的习惯、生活环境、家庭教育、身心健康等方面。

冷静沟通，让孩子不抗拒洗漱

孩子可能还不理解保持卫生的重要性，尤其是在年龄较小的时候，他们可能还没意识到刷牙、洗澡对保持身体健康和预防疾病的重要性；孩子可能会因为刷牙、洗澡耗时过长而感到疲惫、无聊或者产生压力；有些孩子害怕水或刷牙的工具，这种心理可能是因为过去的经历，如溺水、被水泼等；有些孩子还可能会因为父母的强迫而不愿意刷牙、洗澡，拒绝遵守规定；有些孩子还可能因为皮肤过敏、皮炎或牙龈出血等问题而不愿意刷牙、洗澡。

用小游戏来让孩子不抗拒洗漱

对于孩子来说，刷牙、洗澡可能是一个烦人的任务。小游戏可以提起孩子的兴趣，让他们更愿意参与其中。父母可以通过小游戏让孩子学习刷牙、洗澡的正确方法，养成良好的卫生习惯。

在孩子刷牙、洗澡时加入一些小游戏可以吸引孩子的注意力，增加他们的参与度，从而让他们不抗拒刷牙、洗澡。父母可以在孩子洗澡时为孩子准备一些小玩具，如泡沫玩具、浴室卡通贴纸等，让孩子觉得洗澡是一件有趣的事情；父母还可以与孩子在刷牙、洗澡时进行一些简单的比赛，如谁能用最短的时间刷完牙等。

需要注意的是，父母应该根据孩子的兴趣爱好来选择合适的小游戏，并且把握好度，不要让小游戏成为孩子刷牙、洗澡的唯一动机。最重要的是，父母应该尽可能多地和孩子沟通，让他们知道为什么需要保持卫生。

06

消除亲子关系焦虑，懂得换位思考

孩子又犯错了
惩罚并不是好的教育方式

　　孩子需要为他们不良行为的后果买单，但不一定需要被惩罚。因为有时候，惩罚反而是一种干扰。

　　孩子犯错是很常见的事情，很多父母选择用惩罚来对孩子进行教育。然而，惩罚并不总是最有效的教育方式。如果惩罚太严厉或不适当，可能会导致孩子产生逆反心理，影响其心理健康。因此，当孩子犯错时，父母需要采取恰当的教育方式，帮助孩子理解为什么会犯错，并让他们在未来避免再犯类似的错误。

　　父母应该通过积极的反馈、鼓励，帮助孩子理解自己的行为会造成怎样的后果，培养孩子的自我意识和自我控制能力，让他们成为更好的人。

惩罚并不是一种好的教育方式

很多父母只会惩罚孩子。惩罚是一种常见的教育方式，但并不是最有效的。惩罚可能会让孩子感到沮丧、愤怒或无助，而且不一定会解决问题或改变孩子。相反，营造积极的家庭氛围、与孩子进行良好的沟通、设定合适的期望、给予正面的反馈和支持都可能更有助于孩子的成长和发展。

孩子一犯错我就不知道怎么办，只能惩罚孩子，但这根本没什么效果。

——————— 对话1 ———————

妈妈，我不小心把花瓶打碎了。

今天中午别吃饭了，好好反省一下！

——————— 对话2 ———————

妈妈，我不小心把地毯弄脏了。

去写一篇检讨书！

——————— 对话3 ———————

你今天犯错了，罚你去卫生间待一晚上！

妈妈，我不要！

　　在孩子犯错时，父母一味地惩罚孩子的坏处有很多。比如，父母过度惩罚孩子会让孩子感到被冤枉或不被理解，导致孩子和父母之间的关系恶化。

没有不犯错的孩子

我家孩子总是犯错，我只能惩罚他，我看你们米米从来都不犯错，真让人羡慕！

关键要看父母如何教育，要知道，孩子是在犯错中成长的。

父母的惩罚还可能会让孩子觉得自己无能或无用，进而伤害到孩子的自尊心，对孩子的成长和发展产生负面影响。惩罚甚至还会让孩子产生逆反心理，让孩子更加倔强和抵触，不愿接受父母的教育和指导。

因此，在孩子犯错时，父母应该采取恰当的教育方式，温和而坚定地指出孩子的错误，让他们明白他们的行为可能会对他人或自己造成的后果。同时，父母也要注重引导孩子思考、反思自己的错误，帮助孩子从错误中吸取教训，进一步促进孩子的成长和发展。

除了上面的方法，父母还可以帮助孩子找到解决问题的办法，提出解决问题的建议，并鼓励孩子认真思考，与孩子一起探讨和解决问题的办法。

孩子在犯错中成长

父母是孩子非常重要的榜样。孩子从小就开始学习和模仿父母的言行举止，因此父母的言行举止会对孩子的成长产生深远的影响。

　　作为父母，要做出正确的行为示范。如果父母自己也经常犯错，那么孩子很难认同父母的教育方式。而当孩子做出正确的行为时，父母要及时给予积极的反馈和奖励，这可以促进孩子养成良好的习惯。

　　当孩子犯错时，可能会感到愧疚或难过。父母需要鼓励孩子表达自己的情感，并给予支持和安慰，帮助孩子克服负面情绪，继续向前看。

　　总之，父母需要采用恰当的方式，帮助孩子理解自己的错误会造成的后果并避免类似的错误发生。父母通过温和而坚定的指导和鼓励，以及积极的反馈和奖励，可以帮助孩子成长和发展，从而成为更好的人。

孩子做什么事都要父母帮忙

父母帮得越多，孩子越懒惰

　　孩子小的时候对父母的依赖更多的是在寻求一种安全感，而孩子长大后的依赖，则是独立性差的一种表现。

　　孩子过度依赖父母的现象普遍存在，这是一个常见的教育问题，很多父母对此感到疲惫和无奈，但又没什么解决办法。还有一些父母觉得孩子只是有些依赖自己，认为孩子长大了就好了。

　　要知道，孩子什么都喜欢让父母帮忙，并不利于孩子的成长和发展。如果孩子在成长过程中一直依赖父母，那么他们很可能会变得缺乏独立性。而且，当过度依赖父母的孩子需要自己独立生活时，他们可能会缺乏自理能力、独立思考能力，可能在遇到问题时不会自己解决。

不要成为过于"勤劳"的父母

很多父母可能出于对孩子的爱和关心，会忍不住帮孩子把所有事情都做了，这种行为可能会导致孩子产生依赖心理，会让孩子缺乏独立思考问题的能力。因此，父母不要过于"勤劳"，要明白爱孩子的方式有很多种，不要替孩子把孩子该做的事情都做了。

我家孩子做什么都需要我帮忙，我知道这样不对，但又忍不住都帮孩子做了。

——————————— 对话1 ———————————

 宝贝，过来吃饭。

我不想自己吃，妈妈你喂我。

——————————— 对话2 ———————————

 妈妈，我要去卫生间，你陪我去。

妈妈不是教过你怎么自己去卫生间了吗？

——————————— 对话3 ———————————

 穿好衣服，妈妈带你去游乐场。

妈妈，你帮我穿！

　　孩子过度依赖父母的坏处是显而易见的。

　　首先，孩子可能会因为过度依赖父母而缺乏自信心和自我认知能力，他们可能会认为自己不能独立处理事务，并且在面对困难时，可能会感到沮丧和无助。

孩子的独立自主需要培养

您的女儿真厉害，什么都能自己做。我女儿就……

孩子都是需要培养的。我女儿当初也不是这样的。

其次，孩子可能会因为过度依赖父母而缺乏与他人建立联系和交流的能力，他们可能会更喜欢与父母待在一起，而不愿意与同龄人交往，难以和父母以外的人良好地相处。

再次，孩子还可能会因为过度依赖父母而对分离产生强烈的情绪，如焦虑、抑郁、愤怒等，他们和父母分离后可能会感到不安全和无法应对生活的变化。

最后，过度依赖父母的孩子可能会无法独立处理问题和做出决策，他们时刻都想要得到父母的支持和帮助，无法独立自主地实现自己的目标和梦想。

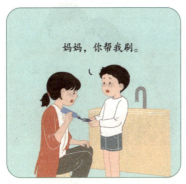

过度依赖父母的孩子长大后……

父母要注意培养孩子的自理能力，帮助孩子增强自信。一个自理能力弱的孩子，很容易在人际交往中处于劣势，影响身心发展。

对于过于依赖父母的孩子，父母可以鼓励孩子尝试自己做一些简单的事情，如自己穿衣服、整理书包、洗碗等。父母一边指导孩子，一边给予鼓励和赞扬，让孩子获得成就感。

父母还需要培养孩子的独立思考能力。父母可以鼓励孩子提出问题，并引导孩子思考解决问题的思路和方法。父母也可以给孩子布置一些简单的家务任务，如整理房间、帮忙做饭等，这样可以培养孩子的责任感和自理能力。

通过这些措施，父母可以帮助孩子逐渐变得独立自主，摆脱什么都要父母帮自己做的困境。

我和孩子的沟通出了问题

站在孩子的角度思考问题

　　目前，大多数父母和孩子之间的沟通存在问题，大部分的孩子认为自己的父母常常不理解自己的感受和需求。

　　父母有时候可能会因为忙于工作、家务或者其他事情而忽视了孩子的感受和需求，导致孩子感到不被重视。这种情况下的孩子可能会觉得自己很孤单，没有可以倾诉的对象，慢慢变得沉默寡言，不再和父母沟通。

不要成为独断专行的父母

很多父母认为自己所做的一切都是为了孩子好，不理解孩子为什么不愿意和自己沟通。这些父母显然不知道独断专行并不是一种有效的家庭教育方式。如果孩子感觉自己没有被理解和尊重，就会产生反感的情绪，不愿与父母沟通。父母一定不要打着为孩子好的旗号擅自为孩子决定一切，这只会让孩子离自己越来越远。

不知道为什么，孩子越来越不愿意和我沟通了，明明我做的一切都是为他好。

———— 对话1 ————

 妈妈，我不想学钢琴了。

不行，学钢琴对你有好处！

———— 对话2 ————

 妈妈，我这件衣服好看吗？

你穿得这是什么？赶紧换掉！

———— 对话3 ————

 妈妈，我好累呀！

你必须坚持下去，这都是为了你好！

    父母和孩子之间沟通出现问题可能会对孩子产生负面影响，包括心理问题、行为问题和学业问题等。

站在孩子的角度思考问题

您把女儿教育得可真好，她什么都愿意和您说。不像我儿子，从来都不和我沟通。

没有孩子是天生不爱和父母沟通的，一定是你的教育方法出了问题，我们要多站在孩子的角度思考问题。

心理问题。不能与父母沟通和建立亲密关系，可能会让孩子感到孤独、无助和失落，这可能导致孩子出现心理问题，如焦虑、抑郁、自卑和自闭等。

行为问题。当孩子不能正确表达自己的感受和需求时，他们可能会表现出挑剔、反抗、攻击和逃避的行为，还可能会沉迷电子游戏等，以此来逃避现实。

学业问题。孩子与父母之间的沟通存在问题可能会影响他们的学业表现。如果孩子不能与父母沟通并得到支持，他们可能会在家庭生活和学校生活中感到挫败和失落，从而影响他们的学习成绩和自信心。

因此，父母和孩子之间拥有良好的沟通非常重要。如果父母发现自己与孩子之间的沟通出现了问题，应予以重视，努力找到解决问题的方法。

尊重是沟通的前提

父母是孩子成长道路上最重要的陪伴者，所以父母理解孩子的内心世界和情感需求对孩子的成长非常有帮助。父母应该学会站在孩子的角度思考问题。

　　如果父母想和孩子进行良好的沟通，首先要建立一个安全和轻松的环境，让孩子能够自由地表达自己的想法和感受。其次父母应该学会倾听孩子的想法并尊重孩子的观点，学会不打断孩子的倾诉并尝试理解孩子的立场，而不是试图说服孩子。有时，父母与孩子之间的沟通会变得激烈或情绪化，父母要学会控制自己的情绪，并找到缓解情绪的方法，如深呼吸、离开现场等。最后，父母应该使用恰当的语言来表达自己的意图，并尝试避免使用攻击性或指责性的措辞。

　　父母如果理解了与孩子沟通的重要性，带着宽容的心态和孩子进行沟通，相信孩子很快就会对父母敞开心扉。

孩子总是无理取闹
从旁观者的角度观察孩子

近几年，越来越多的孩子出现了情绪问题。这些孩子多表现出脾气暴躁、易激动等问题。

近年来，随着社会的快速发展和家庭教育模式的多元化，孩子的心理健康问题引起了越来越多的关注。据研究表明，现在越来越多的孩子出现了情绪问题。

这些情况可能源于多种原因，包括家庭环境、学校环境和社会环境等方面的原因。比如，一些父母可能会对孩子的学习和行为施加过多压力，导致孩子产生负面情绪；社交媒体的普及也让孩子面临更多的社会比较，增加孩子的心理负担。

做情绪稳定的父母

许多父母面对孩子莫名其妙的脾气时，总是很难控制自己的情绪，并且感到困惑，不明白孩子为什么会这样，也不知道如何做才能帮助孩子。其实，孩子莫名其妙的脾气往往并非毫无原因，常常与孩子的情绪和需求有关。

作为父母，我们要意识到的是，孩子并不能够充分表达自己的情绪和需求，他们可能会用不合适的方式来表达自己，如大声喊叫、哭泣、抗拒等。这时候，父母需要冷静下来，了解孩子的情绪和需求。

孩子总是莫名其妙地发脾气，无理取闹，我真不明白他为什么会这样。

———————— 对话1 ————————

 怎么又哭了？

呜呜，我不要去上学，我讨厌上学！

———————— 对话2 ————————

 呜呜，妈妈是大坏蛋，我最讨厌妈妈了！

哎……

———————— 对话3 ————————

 你在干什么？不要乱摔东西！

就摔！我就要摔！

　　喜欢无理取闹的孩子往往情绪不稳定，容易受到外界刺激而产生激烈的情绪反应。有些孩子在家中习惯了任性和发脾气后，在外面与人交往时也可能会表现出同样的行为，这会让孩子难以与他人建立良好的关系。

从旁观者的角度观察孩子

您儿子实在是太懂事了，不知道您是怎么教育的。我家孩子总是乱发脾气，无理取闹。

孩子发脾气都是有理由的，试着从旁观者的角度观察孩子，也许你就会明白孩子为什么这么做了。

如果孩子经常无理取闹，并得到了父母的妥协或放任，那么孩子就会认为这种行为是没有问题的，长期这样下去就会影响孩子的自我控制能力，也会影响到孩子的学习和生活。父母如果经常要面对孩子的无理取闹，那么难免会无法控制自己的情绪，导致亲子关系出现问题，影响到孩子的成长和发展。

孩子的无理取闹是需要父母重视的。因此，父母应该及时关注孩子的情绪变化，努力和孩子沟通，从旁观者的角度观察孩子，尝试帮助孩子学会情绪调节和自我控制。

孩子的成长需要父母的引导

孩子无理取闹可能是由种种原因引起的，如情绪失控、疲劳、饥饿、对某个事件的不满、无法表达自己的感受等。父母要耐心地了解孩子发脾气的原因，有针对性地解决问题。

孩子爱乱发脾气、无理取闹是许多父母面临的挑战，当孩子无理取闹时，父母一定不要被孩子的情绪所左右，要保持冷静并控制自己的情绪。

在日常生活中，父母应给孩子确定明确的规则，让孩子知道什么是可以做的，什么是不可以做的。同时，父母可以给孩子提供一些选择的机会，让孩子参与决策，这能让孩子感到被尊重。

有时父母也需要表扬孩子的正面行为，并提供正面的反馈，这将帮助孩子建立自信心。最重要的是，父母应努力与孩子进行有效的沟通，让孩子感到自己是被重视和被理解的。